D1666339

Meiner Mutter
Gertrud Dischinger, geb. Fürbaß,
zum 96. Geburtstag

Meinem Vater
Hermann Dischinger (1920 – 1976)
zum 40. Todestag

In großer Dankbarkeit

Dank sagen möchte ich von ganzem Herzen allen Künstlern, die ihre Werke so großzügig für diesen Band zur Verfügung gestellt haben; dem Östringer Bürgermeister Felix Geider für die freundliche Unterstützung sowie den Freunden der Stadtbücherei Östringen für ihren Einsatz; allen Sponsoren, die immer wieder kulturelle Projekte fördern; meinem Verlag, vor allem Thomas und Constanze Lindemann, für die erneut professionelle Beratung und Gestaltung; Dietrich Stiffel für seine Unterstützung und die vielen Stunden am Computer und meinem Schöpfer für die Ideen, die er mir geschenkt hat, und für die Kraft, diese realisieren zu können.   *Hermann Dischinger*

Titelbild vorne: Levi Thäsler
Bild hinten: Hermann Dischinger

Lindemanns Bibliothek, Band 269
herausgegeben von Thomas Lindemann
© 2016 · Info Verlag GmbH
ISBN 978-3-88190-924-2
www.infoverlag.de

Hermann Dischinger

Gedanken über das Leben

illustriert von Östringer
Künstlerinnen und Künstlern

Hermann Dischinger (sen.) · Friedwald Essenpreis
Karl-Heinz Essert · Helga Essert-Lehn · Michael Förderer
Helga Giovanelli-Senger · Volker Habich · Richard Kühn
Jürgen Pfeifer · Ursula Richter · Annemie Schorr-Becker
Max Sieferer · Karl Sovanka · Dietrich Stiffel
Emil Waas · Gustav Wolf

Lindemanns Bibliothek

ANNEMIE SCHORR-BECKER

o. T. (2012) / Acryl auf Leinwand, Spachteltechnik / 100 x 70 cm

Vorwort

Mit großer Freude entspreche ich der Bitte, als Bürgermeister von Östringen zu diesem Buch ein Geleitwort zu schreiben, da es durch die sechzehn vertretenen Östringer Künstler auch eine Werbung für unsere Stadt auf sehr hohem Niveau darstellt.

Wie bereits in seinem Östringer Wörterbuch ist es Hermann Dischinger wieder gelungen, Bekanntes und Unbekanntes zusammenzutragen. Die Vielfalt der Kunstrichtungen der lebenden und verstorbenen Östringer Maler über mehr als hundert Jahre hinweg wird durch diese Publikation im kollektiven Gedächtnis bewahrt – dies ist ein einmaliges Geschenk, das uns und unsere Stadtgeschichte bereichert.

Mit Gedanken über das Leben kommentiert der Herausgeber diesmal in der Schriftsprache verschiedene Aspekte, die seines Erachtens in den Bildern entdeckt werden können, sodass hier oft eine Synthese zwischen Bild und Wort entsteht, die den Betrachter animiert, weitere Einsichten zu gewinnen.

Ich wünsche diesem Buch die verdiente Akzeptanz und viel Erfolg.

Östringen, im Jahr 2016

Felix Geider
Bürgermeister

Unikum

Vom Vater habe ich meine große Nase,
von Mutters Familie die kleine Vase,
Vaters Vater war als Handwerker sehr geschickt,
Mutters Vater hat trotz Alter stets durchgeblickt,
Vaters Mutter liebte es sehr fromm und leise,
Mutters Mutter war viel lauter aber weise.

Bedenke ich alles, dann wird mir sehr schnell klar,
dass eigentlich alles schon mal vor mir da war.
Ich muss es sagen, ich komme nicht drum herum:
Im Grunde bin ich bloß ein Sammelsurium!

Von wegen Unikum!
Wie vieles – ein Irrtum!

Ei

Hühner-Ei	Schreiner-Ei
Enten-Ei	Metzger-Ei
Gänse-Ei	Fischer-Ei
Vogel-Ei	Reeder-Ei
Straußen-Ei	Bäcker-Ei
Krokodils-Ei	Färber-Ei
Schildkröten-Ei	Brauer-Ei
Dinosaurier-Ei	Glaser-Ei
Esel-Ei	Schweine-r-Ei

ANNEMIE SCHORR-BECKER

o. T. (2014) / Pan Art / 60 x 40 cm

Gustav Wolf

En Eeschdringe gebore,
genau wie mir.
Do uffgwaggse, gschbielt unn gschwetzt,
genau wie mir.
Dånn noch Bruusl uff d'Schul,
später nach Karlsruhe zum großen Maler Hans Thoma,
beeinflusst von vielen Geistesgrößen,
Studienreisen hinaus in die Welt.
Gemalt und auch viel geschrieben.
Für Deutschland, Dein Vaterland,
in den Ersten Weltkrieg gezogen.
Unmenschliches gesehen und erlebt –
unmöglich dies zu ertragen –
außer in der Kunst und im Wort.
Danach die Jahre der NS-Diktatur –
unmöglich dies zu ertragen – außer in der Flucht.

America – the Promised Land – hope for the poor –
but not for all – and not for you.
You were an isolated stranger in the New World.

Viele Jahre nach Deinem Tod bist Du in Deinen Bildern
heimgekehrt in Deine badische Heimat, die nun eine andere war.
Jetz bisch schunn 20 Jåhr en Däim aijene Museum –
bisch widder en Eeschdringe, wu eigentlich herkumme bisch.

Heute, an einem der Schicksalstage der deutschen Geschichte –
unserem 9.11. (nine/eleven) – wird Dir 2014 noch einmal
eine späte Ehre zuteil: Deine Texte werden in die Musik geholt,
von ihr erfasst, umgeben und erhöht –
eine würdigende Apotheose für Dich, den Künstler Gustav Wolf,
gånz ånnersch wie mir,
unn doch e echts Eeschdringer Kind wie mir.
En Mensch wie mir !

GUSTAV WOLF

ME IPSUM FECI (MCMXLII)
Öl auf Leinwand / 50 x 40 cm

Gedankensplitter

Applaus ist Lob,
das mit offenen Händen gegeben wird.

Etwas sagen heißt nicht,
dass es etwas zu sagen hat.

Zu sagen, was man denkt, ist oft nicht klug.
Zu sagen, was klug ist, gibt anderen oft zu denken!

Falls dir in einer wichtigen Situation die Worte fehlen –
Schweigen wird in jeder Sprache verstanden.

Innere Werte sind schwer zu erlangen,
aber ganz leicht zu transportieren.

Nur der Sensible hat die Sensibilität,
die Sensibilität anderer zu sensibilisieren.

Wer glaubt, alles besser zu wissen,
sollte wissen, dass er alles nur glaubt.

Gute Vorbilder in der Kinderzeit
sind gute Herzensbilder für die Zukunft.

Wie schnell machen manche etwas kaputt,
was andere jahrelang aufgebaut haben.

Zum Schlagen brauchst du nur eine Hand –
zum Liebkosen am besten alle beide.

Was lernen wir aus der Geschichte?
Dass wir aus der Geschichte nichts lernen!

KARL-HEINZ ESSERT

Untitled 1 (2006) / Gouache auf Papier / 59 x 42 cm

Tag für Tag

Morgenrot
kündet den Tag.

Abendrot
verabschiedet
den Tag.

Nicht jeden Tag.

Aber der Tag
kommt
trotzdem,
und der Tag
geht
auch wieder.
Jeden Tag.
Tag für Tag.

Alles Große geschieht in der Stille

Der Chirurg, der ein Leben im OP rettet
Der Forscher, der im Labor experimentiert

Der Vater, der morgens für die Familie arbeiten geht
Die Mutter, die liebevoll ihr Tagwerk erfüllt

Das Vertrauen in Kinderaugen
Die herzliche und tröstende Umarmung

Der Blick der Liebenden
Die Verschmelzung von Samenzelle und Ei

Alles Große ist nicht laut
Alles Große geschieht in der Stille

Alles Große ereignet sich
abseits vom Geschrei der Welt

HELGA ESSERT-LEHN

o. T. (2015) / Serie STORYTELLING
Acryl / Mischtechnik auf Büttenpapier / 64 x 45 cm

Durch Krankheit bereichert

Wenn du im Krankenbett liegst,
dann freust du dich
über jeden kleinen Fortschritt bei der Heilung,
über jedes gute Wort und Lächeln des Arztes,
über jede tröstende Berührung der Schwester.

Aber auch von draußen kommt dir Freude ins Krankenzimmer:
Die Sonne lacht für dich,
die vorbeiziehenden Wolken grüßen dich,
die Äste der Bäume winken dir zu
und ein Vogel gibt dir eine Privatvorstellung in Akrobatik.

Die alltäglichsten Dinge,
die man sonst nicht mehr wahrnimmt,
werden auf einmal ganz, ganz wichtig
und sind plötzlich WUNDER –
bare Ereignisse, die dein Leben bereichern.

Glück erfahren

Ich denke gern an all die Stunden,
in denen wir zusammen waren.
Wir durften großes Glück erfahren,
besonders weil wir uns gefunden.

So lass uns für die Zukunft hoffen,
dass uns das Schicksal stets freundlich sei,
dann bleibt in des Alltags Einerlei
für uns noch manch Erlebnis offen.

JÜRGEN PFEIFER

Blumen am Fenster (2015), Ausschnitt / Aquarell auf Papier / 80 x 60 cm

Farben-Spiel

Der Himmel ist blau
Vater ist auch blau

Die Rose ist rot
Ich sehe rot

Der Apfel ist grün
Sie ist mir nicht grün

Die Sonne scheint gelb
Er ist vor Neid ganz gelb

Der Schnee ist weiß
Dort ist die Landkarte noch weiß

Die Nacht ist schwarz
Seine Seele ist schwarz

Klang-Farben

Schwarzwald, Lüneburger Heide,
Alpen, Nord- und Ost-See-Strand,
jede Region hat ihre „persönliche" Eigenart.
Dazu gehört auch der Menschenschlag,
die Bräuche und die typischen Gerichte –
und vor allem die Sprache.
Diese bunte, kreative Vielfalt der Dialekte
darf auf keinen Fall verschwinden,
weil sie so viele „Klangfarben" hervorbringt.

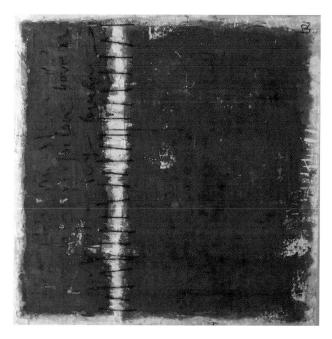

URSULA RICHTER

Du und ich (2014) / Mixed Media, Leinwand / 100 x 100 cm
Heimatbuntes (2015) / Acryl auf Spanplatte / 28 x 28 cm

Lebens-Stufen

gezeugt
  geboren
    gewachsen
      gelernt
        geheiratet
          gebaut
            geliebt
              gezeugt
                gejauchzt
                  gelitten
                    gealtert
                      gestorben

Kurz da gewesen –
wie alle Wesen !

Gedanken nach Jorge Manrique

Unser Leben ist so wie ein Fluss,
ob er groß ist, mittel oder klein.

Denn jeder fließt hinab zum Meer,
um sich darin aufzulösen.

Dort angekommen,
sind sie alle gleich.

Ob sie durch ihrer Hände Arbeit
oder von ihrem Reichtum lebten.

MICHAEL FÖRDERER

Gesichter (2014) / Acryl auf Leinwand / 60 x 50 cm

Essen – Werden

Heute war ich zum erstenmal in Essen
es gab etwas Komisches zum Essen
so etwas hatte ich noch nie gegessen
das werde ich niemals vergessen
außerdem sind wir im Kalten gesessen

Ich denke dass wir morgen woanders essen werden
in der Nähe liegt nämlich das Städtchen Werden

Also werden wir in Werden essen und nicht in Essen

Oster-Glocken

Oster-Glocken wiegen sich im Wind,
sie duften, doch wir können sie nicht hören.
Oster-Glocken auf unseren Kirchtürmen
wollen uns mit ihrem vollen Klang betören.

Zeit-Geist

Der Geist braucht Zeit,
um sich entwickeln zu können.
Die Zeit braucht Geist,
um Probleme abwickeln zu können.

MAX SIEFERER

oben: Rosenstrauß (1930) / Öl auf Leinwand / 35 x 50 cm
unten: Stillleben (1898) / Öl auf Leinwand / 30 x 40 cm

Unser

Wir sagen „Vater unser"
und doch glauben manche,
ER gehört ihnen mehr als anderen.

Wir sagen „Unsere Erde"
und doch besitzen ganz wenige
den größten Anteil von ihr.

Wir sagen „Unsere Zukunft"
und wissen doch,
dass sie von anderen oft so gestaltet wird,
wie wir sie gar nicht haben möchten.

Wir sagen „Unsere Kinder"
und erfahren immer wieder,
dass sie uns ent-wachsen
und weg-gehen,
um selbstständig zu werden.

Wir sagen „Unser Leben"
und wissen doch genau:
So wie es uns geschenkt wurde,
so wird es uns auch genommen:
Denn es war SEIN Geschenk
für einen kurzen Besuch
in SEINER wunderbaren Schöpfung.

VOLKER HABICH

Hummelberg – Blick zur Rheinebene (2007)
Acryl auf Leinwand / 50 x 40 cm

Mutter – Adieu

Ich wollte dir noch vieles sagen,
was früher stets ungesprochen blieb,
in deinen allerletzten Tagen
geschah's, als ich dir die Wange rieb.

Aus deinem Munde kommt kein Wort –
außer dem Lächeln von weit fort –
meinen Händedruck erwiderst du –
völlig wortlos hören wir uns zu.

Was ich in diesen Gesten sah,
das kann der Tod mir niemals stehlen.
Wir sind uns immer schon sehr nah,
drum wirst du mir unendlich fehlen.

Schönheit im Alter

In vielen Kulturen wird das Alter geschätzt.
Das war auch bei uns früher so.
Doch die Amerikaner haben mit ihrem Schönheits-
und Jugendwahn diesen Teil unserer Kultur gekillt.

Es gibt neben der Hollywood-Schönheit
die Schönheit der Seele,
die Schönheit des Herzens
und die Schönheit eines alten, runzeligen
aber gütigen Gesichts,
in dem man ein ganzes Leben ablesen kann,
das authentischer und interessanter ist
als jedes geliftete Filmschauspielergesicht.

JÜRGEN PFEIFER

Allerheiligen (2016) / Aquarell auf Papier / 47 x 34 cm

Ein Werturteil
ist ein Urteil wert.

Mit „inneren Werten" kommt man problemlos
über alle Grenzen und durch jeden Zoll.

Menschen mit Herz und Seele
machen mein Herz selig.

Kunst will Neues schaffen –
ohne die alte Kunst wegzuschaffen.

Wir bedauern gerne die Toten.
Sollten wir nicht lieber die Lebenden bedauern?

Kritisch sein heißt: unterscheiden können,
aber im Unterschied zu vielen anderen –
es auch bei sich selbst zu können!

Nicht einmal der Klügste kennt seine letzte Stunde,
und er weiß auch nicht, was danach kommen könnte.

Der Wert eines Geschenkes hängt nicht vom Preis ab.
Die größten Geschenke bekommt man für keinen Preis der Welt.

Immer wenn wir Hände zum Gebet zusammenfalten,
werden sie, Gott-sei-Dank, vom Schlagen abgehalten.

Der Steuermann hat mit den Wellen des Ozeans
und den Papier-Fluten des Finanzamts
seine Steuer-Schwierigkeiten.

Der Fliegende Holländer kommt immer wieder übers Meer.
Ikarus flog nur einmal übers Meer und kam dann nie mehr!

DIETRICH STIFFEL

Der Fliegende Holländer (2012) / Aquarell / 32 x 24 cm

Für Linus und Eltern

Dass du entstehst,
ist ein Wunder.
Dass du willkommen bist,
ist ein Geschenk.
Dass du „Du" sein darfst,
ist ein Segen.

//

In unseren Kindern GLAUBEN wir an das Leben
In unsere Kindern HOFFEN wir auf die Zukunft
In unseren Kindern LIEBEN wir auch uns selbst

//

Zeit haben ist für Kinder das größte Geschenk.
Zeit für sie zu haben, ist für sie das Maß der Liebe.

Erwachsene haben aber oft keine Zeit!
Großeltern schon! Fast immer!
„Wenn ihr nicht werdet wie die Kinder ..."

//

Ich hänge nicht an dieser Welt,
von mir aus könnt' ich jetzt schon gehen.
Es kümmert mich nicht Macht und Geld,
doch euch möcht' ich noch wachsen sehen.

Für meine Enkel Levi und Benni

" Geboren "

R. Kühn / 69

RICHARD KÜHN

Geboren (1969) / Linoldruck auf Papier / 16,5 x 21,5 cm

Redewendungen

Die Tafel aufheben –
gehört nicht zum Gewichtheben.

Nicht der Rede wert –
sollten sich die Politiker zu Herzen nehmen.

Die sich zu Tode schämten –
sind alle noch ohne Auferstehung am Leben.

Alle Männer sind gleich –
sagen die Frauen oft,
doch dann zitieren sie nur die amerikanische Verfassung:
All men are created equal.

Zwiesprache mit sich halten –
diese Unterhaltung findet in der Regel lautlos statt.
Die Zwiesprache mit dir fällt dagegen oft sehr laut aus.

Mein lieber Schwan –
sagte Lohengrin,
da hab ich aber Schwein gehabt,
dass du rechtzeitig zurückgekommen bist,
sonst wäre ich auf den Hund gekommen.

L'amore fa passare il tempo,
il tempo fa passare l'amore.
Die Liebe lässt die Zeit vergehen,
die Zeit lässt die Liebe vergehen.

Und mit der Zeit wird alles gehen!

ANNEMIE SCHORR-BECKER

o. T. (2012) / Acryl auf Leinwand / 100 x 70 cm

Die Zeit mit dir

Am Morgen die Zeitung,
dann die Zwischenmahlzeit,
mittags die Hauptmahlzeit,
nachmittags die schöne Kaffeezeit,
abends die Brotzeit,
und dann ist schon wieder Schlafenszeit!

Und überhaupt:
jeder Tag, jedes Jahr, die ganze Zeit!

Und dass man sich verzeiht!

//

Das Leben ist wie ein Kreuzworträtsel:
Manche Antworten findet man schnell,
an anderen muss man ganz schön nagen,
andere ergeben sich nur mit fremder Hilfe,
und manche Lösung schafft man nie!

//

Ich möchte nicht den Tag erleben,
an dem ich sein muss ohne Dich!
Ganz sicher wär' ein Weltenbeben
nicht einmal halb so schlimm für mich!

Dein Da-Sein ist mir selbstverständlich,
was würd' ich machen ohne Dich?
Durch Dich werd' ich mir selbst verständlich,
mit Dir erwuchs ein neues Ich.

JÜRGEN PFEIFER

Blumenbouquet (2005) / Aquarell auf Papier / 80 × 60 cm

Geliebte Raixa

Die beiden Hügelketten umfassen das Tal
wie zwei ausgestreckte Arme,
an die Du Dich anschmiegst –
wie ein Schmuckstück aus vergangener Zeit:
elegant, strahlend, faszinierend.

Vor Dir liegt der Orangenhain
mit leuchtenden Gold-Früchten,
hinter Dir die zum Himmel hinaufführende Treppe,
über die man drei Garten-Pavillons erreicht,
die wie Gemmen auf dem Hügelrücken liegen –
und in den Wasserbecken spiegelt sich der Himmel,
transformiert sie je nach Licht
in Smaragde, Topase, Lapislazuli
und andere kostbare Edelsteine.

Bei jedem Besuch
empfängst und bezauberst Du mich von Neuem.
Raixa, Du geliebte Schöne.

Raixa

Mit der Sehnsucht meines Herzens
denke ich Tag und Nacht an Dich,
Du Perle Mallorcas.
Deine Schönheit umschließt das Erbe
aus Morgenland und Abendland.
In diesem Zusammenspiel liegt
Deine einzigartige,
unbeschreibliche Schönheit.

Día y noche pienso en tí,
con la añoranza en mi corazón
tú de Mallorca la perla,
de las herencias el lazo
entre Oriente y Occidente –
donde de esta unidad
surge tu singular e
incomparable belleza.

(Übersetzung ins Spanische:
Rosa Juncosa-Marti)

DIETRICH STIFFEL

oben: Stadt im Nahen Osten (2015)
Tinte, Papier, computerkoloriert / 30 x 20 cm

unten: Raixa, Mallorca (2013)
Feder, Bleistift, Papier, koloriert / 20 x 30 cm

Ahnen

Je älter ich werde,
um so mehr kann ich (er)ahnen:
Alles was in uns steckt,
haben wir mitbekommen
von unseren Ahnen!

Zug

Man kann auch auf einem Schiff einen Zug bekommen.
Mit einem Schachzug kann man zuweilen schlecht fahren.
Ob wir mit dem Zug oder dem Auto nach Zug reisen?
Sie bekam im Zugabteil trotz Zugluft keine Luft.
Es war ihr letzter Atemzug.

Papstmesse

Den Papst kennt jeder.
Eine Messe ist eine Art Ausstellung.
Ergo: Eine Papstmesse
ist eine Papstausstellung!

FRIEDWALD ESSENPREIS

Östringen-Mühlbach (1936) / Bleistift / Aquarell / 37 x 26 cm

Hände

Wir haben es in unserer Hand,
wofür wir unsere Hände benutzen:
zum Streicheln,
zum Trösten,
zum Zerstören,
zum Töten.

klein – groß

Wenn sich kleine Politiker
groß machen wollen,
dann fangen sie einen Krieg an.

Durch das Sterben von vielen Unschuldigen
machen sich viele von ihnen unsterblich.

Wärme

Frühlingswärme   Herzenswärme
lässt   lässt
Wintereis   Gefühlskälte
tauen.   schwinden.

//

Lieber eine Tracht aus Bayern
als eine Tracht Prügel aus Bosheit.

MICHAEL FÖRDERER

Die Hand (2016) / Acryl auf Leinwand / 100 x 70 cm

Tag – Nacht

Wie jeder Tag
aus Licht und Nacht besteht,
wie jedes Jahr
den Sommer und den Winter hat,
so muss der Mensch
durch Freud und Leiden gehen.

Und wer erfahren hat,
dass Schatten nur durch Licht entsteht,
der hat die Reife zu erkennen,
dass dies des Lebens Muster ist.

Und schauen wir zurück,
so stellt man staunend fest,
dass wir durch Krisen
stets gewachsen sind.

Miteinander leben

Dass du mit mir lebst,
ist für dich manchmal schwer.
Auch mit dir zu leben,
ist ab und zu nicht leicht.
Doch ohne dich zu leben,
ist völlig unmöglich.
Ich glaube,
dass du genau so fühlst –
wie ich.

VOLKER HABICH

Östringen, Hohlweg im Herbst (2014) / Aquarell / 25 x 18 cm

Blatt - Meta - Morphose

Du liegst vor mir
auf der Erde,
deine Farben
leuchten mir entgegen.
Ich bücke mich und
nehm' dich in die Hand.
Feucht vom Nebel
fühlst du dich kalt an,
aber deine Farben glühen:
Kontraste, die vergehen.
Im Sterben schön.
Immer wieder!

Du liegst vor mir
auf dem Tisch,
deine weiße Farbe
fordert mich heraus.
Ich beuge mich über dich
nehm' den Kuli in die Hand.
Nackt und kalt
fühlst du dich an,
doch mein Kopf glüht.
Gedanken drängen hervor,
sie wollen werden.
Immer wieder!

Alltag

Morgens um sieben
ist die Welt nicht in Ordnung,
denn ich bin schon immer
ein Morgenmuffel.

Aber ich brauche
diesen neuen Tag,
um all das noch zu erledigen,
was gestern nicht getan wurde.

Und an jedem neuen Tag
bleibt etwas unerledigt liegen,
bis auch ich eines Tages
für immer liegen bleibe.

KARL SOVANKA

Herbstwald in Östringen (signiert o. Jahr), Ausschnitt
Öl auf Leinwand / 60 x 80 cm

Der Mensch hat viele Fragen und Probleme.
Doch Antworten gibt es nicht in der Hektik des Alltags,
man findet sie nur in der absoluten Stille:

in der Stille des Waldes,
in der Stille des Wiesenwindes,
in der Stille der Berggipfel,
in der Stille der Wüste,
in der Stille des Meeres,
in der Stille der Liebe.

All dies stillt meine Probleme
und macht sie klein,
weil ich mich geborgen weiß
in einem tragenden, großen Ganzen.

//

Es gibt im Leben:
Zeiten der Freude
Zeiten der Trauer
Zeiten der Gemeinsamkeit
Zeiten der Einsamkeit
Zeiten der Stille
Zeiten des Lärms

Es gibt in der Natur:
Sommer und Winter
Tag und Nacht
Wachsen und Welken
Ebbe und Flut

Ge-Zeiten

DIETRICH STIFFEL

Landschaft an der Loire (2009) / Acryl auf Leinwand / 60 x 47 cm

Doppeldeutig

In Asien würde ein Kuli
gern mit einem Kuli arbeiten.

Ob August vielleicht
im August Geburtstag hat ?

Sie sitzt im Auto am Steuer.
Er zahlt die Auto – Steuer.

Man kann nicht alles steuern.
Wer arbeitet zahlt Steuern.

Nicht jede Frau, die liften gut findet,
fühlt sich auch in Liften sehr wohl.

Besser ein Teilchen auf dem Teller,
als ein Teller in Teilchen.

Lieber ein Anschlag auf der Rathaustafel
als ein Anschlag auf das Rathaus.

Meine Ehe läuft nicht gut.
Ehe ich verheiratet war, lief alles besser.

Nachdem sie den Telefonhörer aufgelegt hatte,
war sie viel besser aufgelegt als vorher.

Ich bete, dass meine Rote Bete
gerade auf diesem Beete gedeihen möge.

Besser beim Betriebs-Leiter auffallen
als im Betrieb von der Leiter herunterfallen.

KARL-HEINZ ESSERT

Journey to the Centre of Knowledge (2006)
Tinte, Gouache auf Papier / 59 x 42 cm

Was ist die Sonne ohne Licht,
was eine Nacht ohne den Mond?
Was ist das Meer ganz ohne Salz,
was Luft denn ohne Sauerstoff?
Was wären trock'ne Tränen bloß,
was Freude, die kein Lachen kennt?
Was ist ein Wald wohl ohne Baum,
was ein Gebirge ohne Berg?
Was Liebe ohne einen Kuss,
was die Nahrung ohne Essen?

Was wäre dieses Leben denn?
Nicht lebenswert! Wie so vieles!

Warum schreibt ein Autor?

Wenn er seine Gedanken
nicht herauslassen könnte,
würden sie irgendwann
seinen Kopf sprengen.

//

Immer wenn ich traurig bin,
laufen meine Gedanken hin
auf das Papier, jungfräulich weiß,
obwohl ich doch ganz sicher weiß,
dass alles Denken, Reden, Schreiben,
mir dunkle Gedanken nicht vertreiben.

JÜRGEN PFEIFER

Venedig (2016) / Aquarell auf Papier / 47 x 34 cm

Wörter mit Lebenserfahrung

Glücks-Momente
Das Wort signalisiert,
dass Glück nicht von Dauer ist
und sich ständig in Bewegung befindet.

Leidens-Zeit
Egal ob der Körper oder die Seele leidet,
das ist objektiv und vor allem subjektiv
immer viel zu lang.

Silber-Streif
Wie bescheiden hier Hoffnung ausgedrückt wird!
Erstens nicht mit dem wertvollen Gold und dann auch noch
ganz zart und fein in Streifen geschnitten.

Kuckucks-Kinder
Wie der Kuckuck seine Eier
in das Nest anderer Vögel legt,
sie von ihnen ausbrüten und aufziehen lässt,
so lassen auch manche Frauen
ihre Kinder vom gehörnten Ehemann aufziehen.

Katzen-Jammer
Wer schon einmal ein Katzenkonzert
in der Nacht gehört hat, der weiß,
was im Kopf eines Menschen vorgeht,
der am nächsten Morgen einen *Kater* hat.

Lebens-Abschnitt
Es wird mehr und mehr vom Leben abgeschnitten,
bis durch den Schluss-Schnitt
am Ende nichts mehr übrig bleibt.

URSULA RICHTER

Es war in Berlin I / II (2010) / Acryl auf Holz und Papier / 47 x 24 cm

Wir sind nur Gast auf Erden
und wissen nicht:
Was wird denn aus uns werden?
Doch eins ist klar:
Dass fort du ziehst,
Du bist bloß Gast.

//

Es kann nur besser werden!
Wenn ich das höre,
überkommt mich eine große Trauer.
Denn es gibt so viel Böses
auf der Welt und in den Menschen,
dass ich darauf lieber nicht vertraue.

„Man sieht nur
mit dem Herzen gut."

Das stimmt wirklich.
Ich habe noch kein Herz
mit Kontaktlinsen
oder Brille gesehen.
Es bekommt im Alter
keinen grauen oder grünen Star.
Im Gegenteil:
Je älter es wird,
umso mehr sieht es.

ANNEMIE SCHORR-BECKER

o. T. (2014) / Acryl auf Karton / 100 x 70 cm

Was man lernen muss

Hinter sich lassen!
Abstand gewinnen!
Ballast abwerfen!
Sich vom Alten befreien!
In die Zukunft schauen!

Wer es nicht lernt,
wird es trotzdem tun müssen.
Denn am Ende
muss jeder alles zurücklassen.

//

Im Alter
spürt man,
sieht man,
dass der Körper
zerfällt.

Im Alter
erkennt man aber auch,
dass die Güte des Herzens
und die Schönheit des Geistes
niemals alt werden.

//

Es ist sicher,
dass die Sonne jeden Morgen wieder neu aufgeht.
Es ist nicht sicher,
dass sie morgen auch wieder für dich aufgeht.

HELGA ESSERT-LEHN

o. T. / Serie STORYTELLING (2014), Ausschnitt
Acryl / Mischtechnik auf MDF / 30 x 30 cm

Schrittweise

A
Am
Kam
Kamm
Komm
Komma
Koma
Oma
Om
O

I
E
EI
EIS
REIS
REISE
PREISE
PREISEN

Schau!
Schau mal!
Schau mal an!
Schau mal mich an!
Schau mal dich an!
Schau mal uns an!
Schau mal an!
Schau an!
Schau!

Alles
Schau!

MICHAEL FÖRDERER

Frau mit der Peitsche (2006) / Aquarell, Mischtechnik / 41 x 30 cm

Die Liebe der Eltern
zu ihrem Kind
und die Liebe der Großeltern zu ihrem Enkel
ist die schönste Form der Liebe –
weil sie uneigennützig,
bedingungslos,
völlig rein und
immerwährend ist –
selbst über den Tod
des geliebten Kindes hinaus.

//

Kinder und Künstler
entdecken – gleich Entdeckern –
in der Schöpfung immer wieder etwas Neues.
Dadurch begreifen sie das Wunderbare ihres Wesens
und ahnen vielleicht mehr als alle anderen
den Ur-Sprung unseres Seins.

//

Da-sein
heißt nicht dort-sein.
Dort-sein
heißt fort-sein.
Und oftmals muss man fortgehen,
damit man wieder dahin kommt,
wo alles, was da ist,
vertraut ist und geliebt.

HELGA ESSERT-LEHN

o. T. / Serie LICHTZEICHEN (2011)
Acryl, Ölkreide auf Baumwolle / Karton / 30 x 30 cm

Woran Menschen wirklich viel verdienen:

ZIGARETTEN
ALKOHOL
DROGEN
PESTIZIDE
IDEOLOGIEN
RELIGIONEN
KRIEGE
WAFFEN
SCHMUGGEL
MENSCHENHANDEL
PROSTITUTION
ORGANPIRATERIE
AUSBEUTUNG
BETRUG
MACHTMISSBRAUCH
KORRUPTION

Was Menschen aber wirklich nicht verdienen!

//

Ob ich noch schreibe,
wurde ich neulich gefragt.
Nein, zur Zeit nicht,
habe ich darauf gesagt.
Wenn ich das schreiben würde,
was mir im Moment im Kopf herumgeht,
würden andere nur den Kopf schütteln
oder mir meinen womöglich abreißen!

Und ohne meinen eigenen Kopf
möchte ich nicht weiterleben!

JÜRGEN PFEIFER

Abendliches Zwiegespräch (2002) / Aquarell auf Papier / 70 x 60 cm

Unchristliche Gedanken

Mein Herz, das lacht
nicht ob Roms Pracht!
Des Gründers Idee
ist dort ganz passé.

Sie treten SEIN Gebot mit Füßen
und werden dafür einmal büßen.
Wo ist gelebte Christlichkeit?
Man findet sie nicht weit und breit!

Ein Luther müsste wieder her!
Doch wo ihn finden? Das wird schwer!
Zurück zu SEINER Lehre,
ach, wenn ER doch wiederkehre!

SEINEN „Tempel" müsste ER putzen,
den Würdenträger so verschmutzen.
Sie leben dort in Saus und Braus,
doch Arme gehen ganz leer aus.

Statt sich im Vereinen zu beeilen,
lassen sie sich noch mehr teilen.
Kein Wunder wenn der Islam kommt,
weil diesem sein Gesetz noch frommt.

O christlich Abendland, ich sehe schwarz,
am Ende gehörst auch du der Katz!

Für Bruder Franziskus I. –
Bischof von Rom, der auch seine
Probleme mit der Kurie hat.

URSULA RICHTER

Sündenböcke (2014) / Acryl auf Holz / 66 x 36 cm

Das Geheimnis der Blumen

Mit ihren unendlichen Farben,
ihren vielfältigen Formen,
ihren oft betörenden Düften,
ihrer unbeschreiblichen Schönheit
erfreuen sie die Seele.
Selbstlos blühen sie uns zur Freude.

Und wenn sie sterben,
geben sie uns die Hoffnung,
ja fast die Gewissheit,
dass sie in diesem
oder aber im nächsten Jahr
wieder für uns blühen.

Ich danke euch und eurem Schöpfer
für dieses große Geschenk,
das mir täglich Auge und Herz erfreut
und meine Seele in und durch euch
Sein großes Geheimnis ahnen lässt.

Sehnsucht im Norden

Des Südens Luft,
des Meeres Duft –
wie brauch ich sie zum Leben.

Der Blumen Pracht,
sternklare südliche Nacht,
ach, würd' es sie hier geben!

VOLKER HABICH

Blumenstrauß (1984) / Aquarell / 23 x 16 cm

Vorsicht: Augen-Fallen

Kommt etwas *gelegen*,
ist es nicht unbedingt te*legen*.

Das Huhn, das Eier-*Legende*,
ist Realität und nicht *Legende*.

Trotz der Krise liebte ein *Hellene*
die blonde, deutsche Touristin *Helene*.

Der professionelle Platten*leger*
legt die Platten auf Wunsch ganz *leger*.

Wenn wir etwas *wagen*,
brauchen wir keine *Waagen*,
auch nicht den Großen oder Kleinen *Wagen*,
höchstens einen Personenkraft*wagen*.

Die Sendung „Report" ist an manchen *Tagen*
voll von schlimmen, unmenschlichen Repor*tagen*.

Unser Leben ist freier, können Frauen heute *sagen*,
sie haben nicht mehr den Zwang der engen Kor*sagen*.

Wie sich die Balken bogen, als sie *logen*,
trotzdem fielen sie nicht aus den *Logen*.

Sie wollte gerade die Kerzen l*öschen*,
da entdeckte sie das Pralinend*öschen*.

Ob *Roman* den *Roman* schon gelesen hat?

KARL-HEINZ ESSERT

Home Alone (2006) / Tinte, Gouache auf Papier / 59 x 42 cm

Haben oder Sein

Geld haben oder innerlich reich sein
Häuser haben oder behütet sein
Sex haben oder geliebt sein
Probleme haben oder unbeschwert sein
Hunger haben oder satt sein
Pech haben oder zufrieden sein
Macht haben oder mitfühlend sein
Glück haben oder glücklich sein

//

Ob es mein ist oder dein,
in hundert Jahren
wird es nicht mehr unseres sein.
Doch SEIN Sein wird
für die Ewigkeit von Dauer sein.

Wir hoffen,
dass mein und dein Sein
aufgehoben sein werden
durch SEIN Sein,
um mit IHM eins zu sein.

//

Man sollte mit „weniger" zufrieden sein:
Denn ein wenig Glück
ist viel mehr
als ganz viel Pech.

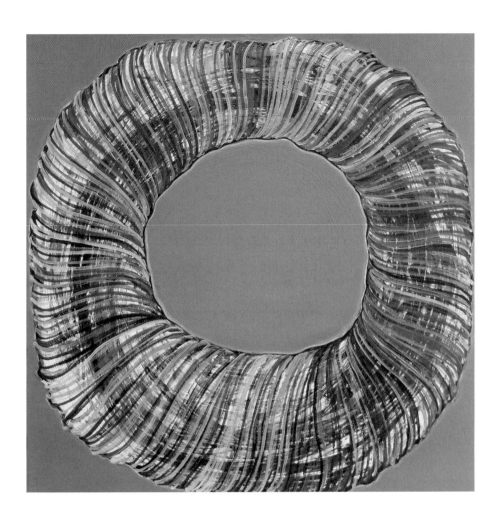

ANNEMIE SCHORR-BECKER

o. T. (2015) / Acryl auf Leinwand / 80 x 80 cm

Enkel – Kind

Die reinste Liebe
ist die Liebe zu einem Kind,
weil sie bedingungslos
und selbstlos ist.

Bedingungslos,
weil ich für alle Investitionen
nichts erwarte,
außer dass es dem Kind gut gehen soll.

Selbstlos,
weil ich nichts will
bzw. sogar willens wäre,
mein Leben für das Wohl des Kindes zu geben.

Deswegen ist es als Großvater schön,
nachdem man alle anderen Formen der Liebe erfahren hat,
diese reine, wärmende, beschützende Liebe,
die man einst von den Großeltern empfangen hat,
an seine Enkel weitergeben zu dürfen.

Und beglückt wird man in der Liebe zum Enkel
auch wieder zum liebenden und liebenswerten Kind.

//

Mein schönstes Gedicht?
Ich schrieb es dir nicht!
Ich fühlte es nur!
Es war Liebe – pur!

URSULA RICHTER

Übers Stoppelfeld zur Sonne (2012), Ausschnitt
Acryl auf Holz / 76 x 98 cm

Rat-Schlag

Ein Ratschlag mag für dich,
weil er nicht erwünscht ist,
vielleicht ein kleiner Schlag sein.
Dabei übersiehst du den gut gemeinten Rat!

Denn ich will dir ja nur raten,
um dich vor weiteren Schlägen zu bewahren.
Hörst du nicht darauf,
dann schlägt irgendwann das Schicksal zu:

Menschen werden dir
die Tür vor der Nase zuschlagen,
dich mit Worten
oder mit den Händen schlagen
und dich dann aus ihrem Kopf schlagen.

Kein Herz wird deinetwegen höher schlagen!
Allein wird dir die letzte Stunde schlagen!
Dann wirst du nimmer um dich schlagen!!

//

Leb länger als ich –
nur einen Tag länger –,
damit ich nicht
an deinem Grab stehen muss
und allein zu Hause bin,
denn dann ist es
kein Zuhause mehr!

VOLKER HABICH

Häuserszene in Latisana, Italien (1992) / Aquarell / 23 x 16 cm

AFRIKA

Afrika! Großer, armer Kontinent
Frieden und Freiheit fehlen dir vielerorts
Reich werden andere durch dich
Immer schon wurdest du ausgebeutet von
Kolonialherren, Tyrannen, Despoten
Afrika, wir kommen um zu helfen

//

Wenn wir nicht lernen und dazu beitragen,
die Armen menschlich leben zu lassen,
dann brauchen wir Reichen uns nicht zu wundern,
wenn sie uns auf Dauer nicht in Ruhe leben lassen!

//

Wir können deswegen nicht immer
unbeschwert in der Gegenwart leben,
weil die erlebte Vergangenheit
uns oft zu stark beschäftigt
und die ungewisse Zukunft
uns manchmal Angst macht.

//

Ich habe heute nichts geleistet!
Ich habe heute nur gelebt!!
Es hat geklappt!
Heute!

KARL-HEINZ ESSERT

Untitled 2 (2006) / Gouache auf Papier / 70 x 50 cm

Damit Menschen ehrlich umarmen können,
müssen sie Gefühle für andere haben.
Um Armen helfen zu können,
reichen Gefühle nicht aus. Ganz ehrlich!

//

Was man brechen kann:
Blütenzweige,
Gesetze,
Tabus,
Herzen,
Glas (und Glück) ...
und das Mittagessen!

//

Sie: Ich liebe meine Hüte.
Er: Ich hüte lieber meine Schafe.

//

Wir sprechen von der Leichtigkeit des Seins.
Richtig: Seins ist leichter als Meins.

//

Wenn wir schon nicht
unseren eigenen Idealen entsprechen,
wie sollen es dann die anderen können?

//

Ich glaube, das Huhn kann leichter Eier legen
als ich meine Gedanken aus-einander-legen.

HELGA ESSERT-LEHN

o. T. / Serie LICHTZEICHEN (2011)
Acryl / Schelllacktusche, Pigmente, Ölkreide auf Leinwand / 60 x 60 cm

Wenn die Seele Trauer trägt

Die Wunden des Körpers
verheilen verhältnismäßig schnell –
und die verbleibenden äußerlichen Narben
sind nach einiger Zeit fast nicht mehr sichtbar.

Die Wunden der Seele verheilen sehr viel langsamer –
und manche eigentlich nie!
Die zurückbleibenden Narben spürt man immer –
und oft brechen sie wieder auf!

Die Seele hat es schwer –
weil sie in ihrem Innersten getroffen worden ist.

Außerdem trifft es die Seele immer als Ganzes.

Der Körper jedoch hat viele verschiedene Teile,
von denen meist nur einzelne betroffen sind.

Besuch im Altersheim

Du bist schon lange fort,
verstehst oft nicht ein Wort,
das man zu dir spricht.
Erkennst uns nicht!

Ein kleiner Händedruck,
im Gesicht kein Ausdruck,
keine Reaktion!
Das war's dann schon.

MICHAEL FÖRDERER

Vier (2014), Ausschnitt / Acryl auf Leinwand / 160 x 100 cm

Zauberlandschaft

Zweige durch starken Frost geweißt
Alte Blütenstände weiß gezuckert
Unter den Blättern und Nadeln kleben Kristalle
Bringen Strukturen und Schönheit zur Geltung
Erwecken jedes Detail zu neuem Leben
Regen Fantasie und Vergleiche an
Leicht und bizarr umhüllt strahlendes Weiß jede Form
Atemberaubend schön dieses Ton in Ton
Nebel ein-gefangen und materialisiert
Durch Kälte greifbar und sichtbar gemacht
Schönheit geboren in eiskalten Nächten
Chimärenhaft vieles und deutlicher anderes
Hat nicht Wasser die schönsten Metamorphosen?
Auch Farben spiegeln sich darin in jedem Zustand
Für das menschliche Auge die reinste Zauberei
Trugbild nur für eine begrenzte Zeit der Verwandlung

//

Elisabeth Ehlers, Else Gorenflo, Irma Guggolz
und Gertrud Wendt zugeeignet

Bei Frauen soll man ja nicht vom Alter reden,
doch da ihr von Natur aus vor mir da wart,
müsst ihr natürlich älter sein als ich.

Doch im Wort sind wir gleich alt,
ja, ich habe oft den Eindruck,
dass ihr von Ideen sprühende,
blühende, junge Mädchen seid!

JÜRGEN PFEIFER

Winterlandschaft (2003), Ausschnitt / Aquarell auf Papier / 80 x 60 cm

Dein Lächeln

Mein Kind, ich sehe meine Hände neben deinen.
Sie sind alt und runzlig,
oftmals auch schon ungeschickt
und manchmal zu schwach für bestimmte Arbeiten.

Doch um deine kleinen Hände zu halten,
zu führen, zu streicheln, sind sie noch kräftig genug.
Und vor allem sind sie zärtlich,
um mit ihnen Liebe sichtbar weiterzugeben.

Meine Arme sind voller Rheuma,
ich kann nichts Schweres hochheben,
doch sie sind noch stark genug,
um dich liebevoll in den Arm zu nehmen,
dich in meinen Armen zu halten.

Meine Augen, kurzsichtig und alterschwach,
sehen vieles nicht mehr,
ja, wollen vieles nicht mehr sehen,
doch sie können sich an deinen wachen Augen,
deinem glasklaren Blick, deinem Lächeln nicht satt sehen,
und immer wenn deine Augen strahlen,
strahlen auch meine mit Liebe und Zuneigung.

Ich bin zwar alt, doch du siehst dies nicht.
Du spürst nur die Liebe – und reagierst darauf voller Glück.
Es ist für den alten Menschen ein Trost zu wissen,
dass er zeitlos jung ist, wenn er Liebe gibt,
und dass er liebend von den Jungen geliebt wird.

EMIL WAAS

Mädchen mit Puppe (ca. 1947, in russischer Gefangenschaft)
Blaue Tinte / Hintergrund Jod gewischt / ca. 6 x 5 cm

Frauenkopf (ohne Datum) / Federzeichnung auf Papier / 7 x 6 cm

Allee (ohne Datum, signiert) / Tusche, laviert / 29 x 22 cm

Flüchtlinge

Fliehen aus ihrem Heimatland
Laufen zu Fuß um zu
Überleben.
Chaotische Zustände
Hier bei uns – genauso wie vorher in den
Transitländern
Lassen wir sie alle durch?
Immerhin werden es Tag für Tag mehr
Neuankömmlinge
Gehört ihnen unser Mitgefühl?
Entscheiden wir uns für oder gegen Mitmenschlichkeit?

//

Wenn Menschen,
warum auch immer,
ihr Heimatland verlassen,
um in der Ferne etwas Neues zu gründen,
dann tun sie dies aus schwerwiegenden Gründen.
Und es folgen in der Regel schwere Zeiten,
bevor man sagen kann:
Wir sind angekommen.

Not kennt kein Gebot

Weil wir ihnen nicht geholfen haben
in ihrem Elend, in Krieg und Hungersnot,
verlassen nun viele ihre Heimat –
holen sich hier mit den Füßen ihr Brot.

URSULA RICHTER

Wohin geht's I / II (2012) / Acryl auf Holz / 45 x 45 cm

Ich habe keine Schuld
an historischen Verbrechen,
an denen ich selbst nicht beteiligt war.
Gleichwohl empfinde ich persönlich eine große Scham,
dass das Volk, das Beethoven und Goethe hervorbrachte,
solch ein Verbrechen zulassen konnte.

Aber ich stelle ebenfalls fest,
dass viele Völker,
die auch Blut an ihren Händen
und viele Leichen im Keller haben,
weder Schuld noch Scham darüber empfinden.

Alle logen

Biologen
Geologen
Theologen
Philologen
Ethnologen
Psychologen
Graphologen
Sogar die Freimaurerlogen!
Das ist wirklich nicht gelogen!

//

Immer wenn ich an andere denke,
dann kommt das Andere zu mir –
ich kann dann auf einmal nicht mehr anders –
und werde anders als ich war.

MICHAEL FÖRDERER

(Wald)Brand (2014) / Aquarell / 42 x 29 cm

Den gefallenen Soldaten
auf dem Ehrenfriedhof

Jetzt erst wäre die Zeit gewesen,
dass die Letzten von euch sterben!
Doch ein grausames Weltgeschick
ließ euch leider nicht alt werden!

Ihr wurdet eurer Jugend beraubt,
musstet in diesen furchtbaren Krieg!
Trotz Mut, Kampf, Verzicht und viel Leid
erlebtet ihr nicht euren Sieg!

Wir heut', im Wohlstand aufgewachsen,
begreifen eure Jugend nicht!
Wir durften uns selbst *erfüllen*,
ihr jedoch bloß Vaterlandspflicht.

Was uns bleibt sind Erinnerungen –
und die Namen auf der Tafel!
Wir bringen euch unsre Tränen –
kein Politikergeschwafel!

Möget auch ihr in Frieden ruhen,
den ihr im Leben nicht gekannt,
in unsern Herzen lebt ihr noch –
obwohl ihr liegt in fremdem Land!

In Memoriam

Onkel Friedrich Fürbaß
*24.10.1915 †3.9.1944 (kinderlos)

Onkel Rudolf Dischinger
*8.4.1906 †25.4.1945 (Vater von 6 Kindern)

JÜRGEN PFEIFER

Verlassen (2007), Ausschnitt / Aquarell auf Papier / 80 x 60 cm

Kriegsgrab / Ehrengrab

Ich werde auf unserm Friedhof liegen,
er ist mir von Kindheit an vertraut,
dort oben finde auch ich den Frieden,
ich habe mir schon mein Grab „gebaut".

Mit Oma ging ich jede Woche hin,
denn sie brachte Blumen auf das Grab,
obwohl alle wussten, er war nicht drin,
weil ihr Sohn in fremder Erde lag.

Gefallen auf dem „Feld der Ehre",
genauso wie sein Vater schon zuvor;
in ihr blieb diese große Leere,
weil sie ihr Liebstes in jedem Krieg verlor.

Doch ich stand Hände-haltend neben ihr,
und hörte sie zu ihnen sprechen,
ich war ihr neugeschenkter Kavalier –
diese Bindung kann uns keiner brechen.

So lernte ich schon in Kindertagen,
dass die Toten sehr lebendig sind,
sie konnte ihnen alles sagen,
in ihrem Herzen *lebten* Mann und Kind.

//

Mütter gebären ihre Söhne nicht, damit diese 20 Jahre später
die Söhne anderer Mütter töten oder von denen getötet werden.

Meiner geliebten evangelischen Oma
Anna Fürbaß gewidmet

DIETRICH STIFFEL

Grabmonumente in Usbekistan (1996) / Öl auf Leinwand / 40 x 30 cm

Europa

Damals und *heute*

Mein Vater wurde
  Ich wurde
kurz nach dem Ersten Weltkrieg geboren.
  am Ende des Zweiten Weltkrieges geboren.
Mit 19 Jahren musste er
  Mit 21 konnte ich zur Uni gehen und hatte
als Soldat in den Zweiten Weltkrieg.
  mit 27 eine akademische Ausbildung.
> Dem Vaterland gedient! <
  Dem Vaterland gedient
Er kam mit 26 als Krüppel zurück,
  im öffentlichen Dienst als Lehrer.
Und er hatte trotz allem Glück,
  Wir alle hatten Glück,
denn viele blieben
  dass wir nicht in den Krieg mussten.
> auf dem Feld der Ehre. <
  Wir haben jung nur Ähren gelesen – aus Armut.
Mit 56 ist er viel zu früh gestorben.
  Ich bin heute über 70 und lebe noch!

Danke, Europa.

HERMANN DISCHINGER (SENIOR)

Selbstbildnis (1945, Gefangenschaft USA), Ausschnitt
Farbstifte auf Papier / 30 x 40 cm

Covergirls (1945, USA) / Bleistift auf Papier / verschiedene Größen

Biographien

Hermann DISCHINGER sen. (*1920 Östringen †1976 Heidelberg/in Östringen beerdigt). Kaufmännischer Angestellter, Werkmeister. Interessierte sich für Literatur, Musik und hat seine zeichnerischen Fähigkeiten in der amerikanischen Gefangenschaft in den USA mit Bleistift und Farbstift umgesetzt. Abbildung: S. 93

Friedwald ESSENPREIS (*1909 Mannheim †2001 Bruchsal/in Östringen beerdigt). Lebte die längste Zeit seines Lebens in der Hauptstraße 71 in Östringen. Abbildung: S. 37 *www.museum-östringen.de*

Karl-Heinz ESSERT (*1956 Östringen). Musiker, Künstler, selbst benannter Freigeist. Wohnte in Östringen bis er 19 war, dann Aufbruch in die östliche Welt, lebt seit 1981 in Australien. Farbe, Klang, Spiritualität prägen ihn und sein Schaffen. Abbildungen: S. 11, 47, 67, 75

Helga ESSERT-LEHN, freischaffende Künstlerin. Wohnte bis 1999 in Östringen, danach in Flehingen mit eigenem Atelier. 2002 – 06 Studium der freien Kunst. Werke, z. B. Adventskalender im Rathaus Östringen. Abbildungen: S. 13, 55, 59, 77 *www.essert-lehn.de*

Michael FÖRDERER (*1957 Bruchsal). Schlossermeister. Wohnte als echter „Eeschdringer Bu" bis 2004 in Östringen, seitdem in Eschelbach. Begann schon früh mit Zeichnen und Malen, geht aber erst jetzt an die Öffentlichkeit. Abbildungen: S. 19, 39, 57, 79, 87

Helga GIOVANELLI-SENGER (*1944 †2004, in Östringen beerdigt). Zum ehrenden Gedenken.

Volker HABICH (*1943 Hilburghausen / Thüringen). Lehrer i. R. Wohnt seit 1948 bis auf wenige berufliche Unterbrechungen in Östringen, seiner Vaterstadt. Bilder z. B. im Rathaus Östringen. Hauptsächlich Aquarelle. Abbildungen: S. 23, 41, 65, 73

Richard KÜHN (*1932 Konstanz †2009 Östringen). War von der Gründung des LGÖ bis zu seiner Pensionierung dort Kunsterzieher. Stark engagiert bei der Östringer Fastnacht. Abbildung: S. 29
www.museum-östringen.de

Jürgen PFEIFER (*1958 Östringen). Verwaltungsbeamter i. R. Lebte bis 1982 in Östringen, besuchte das LGÖ, dort Abitur. Künstlerisch gefördert und beeinflusst von R. Kühn. Abbildungen: S. 15, 25, 33, 49, 61, 81, 89 *www.juergen-pfeifer.com*

Ursula RICHTER, Uriart, Kunstpädagogin i. R. Wohnt in Östringen im Kunsthäusle in der Georgstraße 19, das multifunktional genutzt wird und wo sie ausstellt. Seit 1995 freischaffend. Abbildungen: S. 17, 51, 63, 71, 85 *www.uriart.de*

Annemie SCHORR-BECKER, Erzieherin. In der Kindheit oft bei der Östringer Oma in der Allmendstraße. Wohnte von 1978 – 2002 nach ihrer Heirat in Östringen und seit 2002 im Eigenheim in Odenheim-Östringen. Abbildungen: S. 4, 7, 31, 53, 69

Max SIEFERER (*1873 Östringen †1945 Östringen). Fabrikbesitzer der Zigarrenfabrik Wimmer in der Hauptstraße in Östringen. Er war Maler, Fotograf, Pianist, Techniker, hinterließ seinen Enkeln zahlreiche eigene Gemälde. Abbildung: S. 21 *www.museum-östringen.de*

Karl SOVANKA (*1883 Uhrovec/Slowakei †1961 Östringen). Kam nach dem Krieg nach Östringen, wo seine Tochter mit ihrem Mann lebte. Sein Grab wurde 2016 abgeräumt. Abbildung: S. 43

Dietrich STIFFEL (*1940 Haynau/Breslau/Schlesien), ehem. Betriebs-elektriker. Nach der Vertreibung lebte er von 1946–96 in Zuzenhausen, seit 1996 in Östringen. Frühes Interesse an Musik, Literatur und Kunst. Hat u. a. Bücher von H. D. illustriert. Abbildungen: S. 27, 35, 45, 91

Emil WAAS (elwa) (*1919 Wiesloch †1981, im Familiengrab in Östringen beerdigt). Maler, Zeichner, Werbegrafiker, Autor. Abbildung: S. 83 *www.museum-östringen.de*

Gustav WOLF (*1887 Östringen †1947 USA). International bekanntester Sohn Östringens. Die Gemeinde hat ihn mit einem Museum, der „Gustav-Wolf-Galerie", geehrt. Abbildung: S. 9 *www.museum-östringen.de*

Foto: Max Sieferer   Foto: Lothar Rößler

Hermann DISCHINGER (*1944 in Östringen) OStR i.R. / Mundart-Dichter und Autor. Nach dem Abitur am Schönborn-Gymnasium in Bruchsal, Studium der kath. Theologie, Philosophie und Anglistik in Freiburg i. Br. und München. Nach Staatsexamen Referendariat in Freiburg und Neustadt / Schwarzwald. Danach am Leibniz-Gymnasium Östringen. Mundart-Autor mit Östringer Dialekt. Preise seit 1989. Mit diesem Band legt er sein 18. Buch vor; 2 ½ davon sind in der Schriftsprache verfasst. Seit früher Jugend Interesse an fremden Sprachen und Kulturen sowie an Architektur, Literatur, Malerei, Musik. Durch Reisen in vier Kontinente viel erlebt. „Ein großes Geschenk, dass unsere Generation sich das leisten konnte. Das größte Geschenk im Alter sind meine zwei Enkel, die mir viel Freude bereiten." *www.museum-östringen.de*

LEVI, Opa   BENNI, Für Opa